김소희

'차라'라는 필명을 가진 중국어 번역가. 시나리오 번역을 시작으로 번역에 입문했다. 다수의 한중합작드라마와 영화 대본을 번역하고 중국어 관련 책을 여러 권 썼다. 현재는 출판 번역과 번역 코칭을 겸하고 있다. 저서로는《중국어 번역가로 산다는 것》《네이티브는 쉬운 중국어로 말한다》등이 있고, 옮긴 책으로는《세상이 몰래 널 사랑하고 있어》《어서 와, 이런 정신과 의사는 처음이지?》《어른을 위한 인생 수업》《상견니 영화 포토에세이》등이 있다.

인스타그램 @twinksoe

시린席琳

중국 국적의 시나리오 작가이자 중국 작가협회 회원. 중국에 상영 및 방영된 영화와 드라마를 여러 편 작업했다. 한중합작드라마〈我的男神(나의 남신)〉을 비롯해〈越界者(월계자)〉〈冰戒(빙계)〉등을 썼다.

마음의
문장들

心灵上的文字

특별판

마음의
문장들

心灵上的文字

특별판

나를 다스리는
따뜻한 중국어 필사책

김소희, 시린 지음

차례

꽃처럼 아름다운 문장들을 직접 필사하며
자연스레 중국어를 익히는,
나만의 소중한 필사책을 완성해보세요.

《마음의 문장들》《마음의 문장들 2》에서 신중히 고른 문장들과
이번 특별판을 위해 쓰인 새로운 문장들을 함께 실었습니다.
아름다운 표현을 담은 문장들을 필사하며 중국어를 익히고
또박또박 써내는 글자 하나하나에 당신의 마음을 담아보세요.
소중한 사람에게 아름다운 중국어 문장을 전하고,
스스로에게 여유와 평온을 선물할 수 있기를 바랍니다.

《마음의 문장들 특별판》은 이렇게 구성되어 있습니다.

1. 중국어 문장

중국의 시나리오 작가 시린과
중국어 번역가 김소희가
직접 쓰고, 옮기고, 고쳐가며 완성한
아름다운 중국어 문장들

2. 한국어 문장

김소희만의 감각으로 번역된
따뜻한 한국어 문장들

3. 필사면

아름다운 문장을 필사하고 연습할 수 있습니다.
예쁘게 필사한 뒤 사진을 찍어
사랑하는 사람들에게 보내주세요.

4. 김소희의 몇 가지 번역 이야기

필사 문장에 숨겨진 번역 이야기, 센스 있게 번역하는 방법 등,
이 책의 저자이자 번역자인 김소희가 세심하게 알려드립니다.
각 장 마지막 페이지에서 만나보세요.

—

01

获得心灵自由, 旅行的文字
마음에 자유를 주는, 여행의 문장들

人生如旅途。
一路艰辛,
一路风光。

여행길 같은 인생.
고난이다가,
풍경이다가.

趁着阳光正好，
趁着眼睛还亮，
多读书，多走路，多思考。

햇살이 좋을 때,
두 눈을 반짝일 수 있을 때,
많이 읽고, 많이 걷고, 많이 생각하기.

想要去一个地方，慢不怕
重要的是，不要停下你的脚步。

가고 싶은 곳이 있다면, 느려도 괜찮아요.
중요한 건 걸음을 멈추지 않는 거니까.

灯塔,
给航海的人, 指明方向。
心灯,
是每个人的心海之灯。

등대는
항해가들에게 방향을 밝혀주고,
마음의 등불은
우리 마음속의 바다를 밝혀줍니다.

走错了路, 要记得回头。
爱错了人, 要懂得放手。
青春尚早,
一切还来得及。

잘못된 길이라면, 다시 돌아갈 것.
잘못된 사랑이라면, 두 손을 놓을 것.
우리 청춘은 아직 늦지 않았기에,
모든 것들이 여전히 가능하므로.

有些人就是为了找到你，
才出现在你们相遇的旅途上。

누군가는 당신을 찾기 위해
두 사람이 만났던 여행길에 오르겠지.

爱旅游的人，运气向来不会太差。
因为，旅途上的风，路途上的景，
会告诉你，你就是最好的风景。

여행을 즐기는 사람들은 언제나 행운을 맛보지 않았을까.
여행 중 불어오던 바람과 길에서 마주치던 경치들이
세상에서 가장 아름다운 풍경은
바로 당신이라는 걸 알려주었을 테니까.

"旅途中让你印象最深刻的一件事？"
"遇见你。"

假如有一个陌生的国家或者城市
让你产生了亲切感，
一定是这个国家或者说城市里，
住着一个你喜欢的人。

어느 낯선 나라 혹은 낯선 도시가 친근하게 느껴진다면,
그건 분명 너의 누군가가 그곳에 살고 있기 때문일 거야.

旅途上所见的风景和人，
都有着独一无二的灵魂，
带给你独一无二的启迪，
于是，路走得多了，
风景看得多了，
你也会成为那个独一无二。

여행길에서 만나는 풍경과 사람은
저마다 유일무이한 영혼을 갖고 있기에
단 하나뿐인 가르침을 가져다준다.
그러므로 여행이 길어질수록
눈에 담는 풍경이 많아질수록
당신 역시 유일무이한 존재가 되어갈 것이다.

旅途中的照片，
是从身边溜走的时间，
等你回头再看，
会发现是最珍贵的时间。

여행 중 우리 곁을 몰래 스쳐가는 시간들을
사진으로 담는다.
사진을 다시 꺼내보게 되는 날, 느끼겠지.
그 시간들이 얼마나 소중했는지.

人生是一场一个人的旅程,
需在荒凉中走出最美的自己。

인생은 나 혼자 떠나는 여행길처럼
쓸쓸함 속에 가장 아름다운 나를 만들어가는 거야.

旅游是获得心灵自由最好的办法。
只有心灵自由了，
你才能看清楚生活本来的样子，
以及，看清楚你本来的样子。

마음에 자유를 주는 최고의 방법은 여행.
마음의 영혼이 자유를 찾을 때,
삶의 진짜 모습이 보이고,
당신의 진짜 모습이 보인다.

旅行是生活的一部分,
只要有心, 没有读不到的诗,
如同没有到不了的远方。

여행 역시 삶의 일부인지라
마음만 있다면 읽어내지 못할 시가 없고
닿지 못할 곳이 없다.

人，并不是讲着同一种语言
就能相互理解，
也不是相距遥远就必是两个世界。
只有你踏上征途，
你才能发现原来世界太大，
才会明白世界其实很小。

같은 언어를 써야만
서로를 이해할 수 있다거나
서로 멀리 있다 해서
반드시 다른 세계가 되는 건 아니야.
일단 여정에 오르고 나면 알게 될걸.
이 세상이 얼마나 커다란지,
그리고 또 실은 얼마나 작은지.

人生说到底就是一个人的旅途。
课本里不会告诉你如何跟自己相处,
旅行会。

삶은 결국 혼자만의 여행.
나 자신과 어떻게 살아가면 좋을지
교과서에는 없지만,
여행은 그 답을 줄 거야.

繁芜的日常生活
偶尔 会束缚我们的心，
阻止我们高飞，
于是 我们选择旅游。
旅游 就是和世界握手，
和自己的心灵握手。

번잡한 일상이
종종 우리의 마음을 옥죄고
우리를 붙잡기에,
우리는 여행을 택한다.
여행은 이 세상과의 악수이자
내 영혼과의 화해이므로.

生命是一场单程的长途跋涉，
一场因果的修炼。
没有哪一场的相逢可以预演，
所以请珍惜每一次的相逢。

삶은 길고도 고된 편도 여정이자,
인과가 따르는 수련의 길.
예행 연습이 가능한 만남은 없으므로
모든 만남을 소중히 여기기를.

当你被生活锁在原地，
远方的山，远方的海，
远方的一场雨，一阵风，一杯咖啡，
甚至，别人的一场烟火，
都会成为你的解锁之钥。

삶에 갇혀 제자리를 맴돌 때가 있죠.
그럴 땐 머나먼 산과 바다,
저 멀리 쏟아지는 비와 한차례 불어오는 바람, 커피 한잔과
어쩌면 누군가가 터뜨린 불꽃까지
그 모든 게 당신을 풀어줄 열쇠가 되어줄 겁니다.

一人旅游，
是你跟地球的单独约会。

혼자 떠나는 여행,
그것은 지구와 단둘이 보내는 데이트.

🌸 김소희의 몇 가지 번역 이야기

맘에 드는 문장을 만나면

溜走 _30쪽

이 글을 처음 봤을 때, 첫 문장이 참으로 예쁘다는 생각을 했습니다. 마음에 드는 문장을 만나면 왠지 조금 더 매만지고 싶어져요. 그래서 굳이 순서를 바꾸지 않고 그대로 직역해도 괜찮았을 문장이지만 여러 번 만져보았습니다. 직역하면 '여행 중의 사진들은 곁을 몰래 스쳐간 시간들이다' 정도가 될까요? 여행을 하는 동안 알게 모르게 우리를 스쳐 지나간 시간들이 사진 속에 남는다는 의미일 겁니다. 특히 '몰래 달아나버리는' '슬쩍 가버리는'을 표현한 단어 '溜走' 덕분에 문장의 느낌이 더욱 살아났네요.

같은 단어, 다른 느낌

握手 _42쪽

오랜 시간이 흐르고 나서 이 글을 다시 보았을 때, 중국어와 한국어 중 어느 것이 원문이었는지 기억이 나지 않아 여러 번 읽고 또 읽었어요. 어쩌면 원문과 번역문이 확연히 구분되지 않고, 원문이 번역문인 듯 번역문이 원문인 듯한 글이 가장 좋은 번역이지 않을까 하는 깨달음을 얻습니다.

중국어의 마지막 문장에 '악수하다'라는 의미를 가진 단어 '握手'가 두 번 나와요. 한 번은 세상과, 또 한 번은 내 영혼과 악수를 하죠. 같은 악수지만 세상과의 악수는 반가움의 표현, 내 영혼과의 악수는 미안함과 위안의 표현일 겁니다. 그래서 두번째 악수는 '화해'가 되었어요.

回不去的时光, 思念的文字
되돌릴 수 없는 시간, 그리움의 문장들

触到了那个空气,
闻到了那个味道,
听到了那个音乐,
吃到了那个饭菜,

猛地想起来,
已遗忘的那一切。
那些年
我们一起拥有的那些回忆。

你,
过得还好吗?

그 공기에,
그 냄새에,
그 음악에,
그 음식에,

문득 떠올라버렸습니다.
잊고 있던 모든 것이.
그 시절,
그 모든 추억이.

당신,
잘 지내나요?

把故事往心里再收一收,
把伤与害再往行李里装一装。
过一个春秋再拿出来,
你会发现,
一切将都被时光晒成了云淡轻风。

지난 이야기는 마음속에 다시금 정리해두고,
상처는 가방 속에 잘 넣어두세요.
계절이 흐른 뒤 다시 꺼내 보면
그 모든 게 세월에 빛바래
가벼워져 있을 거예요.

我只想待在你身边,
即使不说话。

아무 말 하지 않아도 좋아요.
그저 그대 옆에만 있고 싶어요.

沉默,
是对一份逝去之爱最好的祭奠。

멀어져가는 사랑에 대한
최고의 추모는
침묵이리라.

我想念的是
"那个人"还是"那一刻"?
有时候我们以为自己是在回忆那个人,
后来发现, 我们回忆的是
当时的自己, 站在那个人身边的自己。
只要站在那个人身边
当时的我就能发光。
只要那个人爱着我,
当时的我就能美丽。
所以, 我们往往想找回来的,
不是想找回"那个人",
而是想找回"那一刻的自己"。

제가 지금 그리워하고 있는 건
'그대'일까요, 아니면 '그때'일까요?
그 사람이 그리운 줄 알았는데,
우리가 그리운 건 사실 그 사람 옆에 있던 그때의 나였다는 것.
누군가의 옆에 있다는 사실만으로 반짝반짝 빛나던 내 모습이라는 것.
누군가의 사랑을 받는다는 사실만으로 너무나도 아름답던 내 모습이라는 것.
그래서 우린 종종 되돌리고 싶어합니다.
'그대'가 아닌 '그때'의 나를.

有一种无法割离的思念。
像想摸却摸不到的空气，
有一种越想忘记越记得清晰的记忆。
像不想跳却跳进去的沼泽，
怎么挣扎也脱逃不掉，
怎么赌上一切也得不到。

잘라낼 수 없는 그리움이 있습니다.
만지고 싶어도 만질 수 없는 공기처럼
잊으려 할수록 자꾸 선명해지는 기억과도 같은 그리움.
빠져나오려 해도 헤어나올 수 없는 늪처럼
아무리 발버둥 치고
모든 걸 다 걸어도 해결되지 않는 그리움.

时间这个家伙，
慢慢会告诉你一件事：
你迟早会删掉
当初你拼了命要保存的东西。

시간이라는 녀석이
차차 네게 알려줄 거야.
한때는 필사적으로 간직하려 했던 것들을
차차 지울 수 있게 될 거라고.

因为太珍贵，我怕破坏。
因为太珍惜，我怕错过。
因为太想拥有，我怕抓不住你。
因为爱得太深，我怕放不下你。

如果当时的我够勇敢，
你会不会留在我身边？
哪怕是片刻。
如果当时的我够坚强放你走，
你会不会为我留在我身边？
哪怕是谎言。

너무나 소중하기에 깨지는 않을까，
너무나 아끼기에 놓치는 않을까，
너무나 원하기에 잡지 못할까봐，
너무나 사랑하기에 놓아주지 못할까봐，
두려웠습니다.

차라리 내가 용기 냈더라면, 내 옆에 머물러줬을까요?
아주 잠깐이라도.
차라리 꿋꿋하게 놓아줬더라면, 날 위해 머물러줬을까요?
진심이 아닐지라도.

别睡得太晚。
因为，夜越深，孤独越深。
别爱得太满。
因为，爱越重，伤口越深。

너무 늦게 자지 말아요.
밤이 깊을수록 고독이 깊어지니까.
너무 깊이 사랑하지 말아요.
사랑이 깊을수록 상처가 깊어지니까.

就当你是路过的风,
就当你是路过的景,
就当你是我走错的一段路,
从此一别, 各自天涯。

네가 내게 스쳐가는 바람이 되고
지나쳐가는 풍경이 되고
잘못 들어선 거리가 되면
그 순간 우린 이별이 되고
아득히 멀어지겠지.

如果有一天,
让你心动的再也不能感动你,
让你愤怒的再也激怒不了你,
让你悲伤的再不能让你流泪,
你便知道这时光给了你什么。
所以,眼下你能感知的一切
你能摸到的温度、
你能触碰到的冷暖与悲伤
都是一种幸福。
一种徜徉在生活海洋里
普通而又珍贵的幸福。

만약 언젠가,
당신을 설레게 했던 것들에 더 이상 마음이 움직이지 않거나
당신을 분노하게 했던 것들에 더 이상 감정이 격해지지 않거나
당신을 슬프게 했던 것들에 더 이상 울컥하지 않게 되는 순간,
아마 알게 될 거예요. 그 시간들이 남기고 간 게 무엇인지.
그러니 지금 느낄 수 있는 모든 것들과
만질 수 있는 그 온도와
닿을 수 있는 차가움, 따스함, 슬픔까지 모두가 행복입니다.
삶의 바다를 유유히 거니는, 지극히 평범하고도 소중한 행복.

寂寞的时候, 想念一个人不算什么。
热闹时候的想念, 才最烧心。
如同, 一个人的孤独不算什么,
人群中的孤独, 才是真的孤独。

외로울 때 누군가가 그리운 건, 사실 별것 아니야.
떠들썩함 속에서 그리움이 느껴질 때,
그게 가장 가슴 무너지는 거거든.
혼자 있을 때 쓸쓸한 건 별것 아닌데
무리 속에서 고독을 느낄 때 정말 쓸쓸해지는 것처럼 말이야.

重新见面那天, 你问我。
"我们可不可以重新开始?"
我说, 我们之间隔着一个"曾经"。
人可以回到曾经的地方, 见到曾经的人。
但是, 时间回不去。
我和你, 回不去。

다시 만났던 그날, 넌 물었지.
"우리 다시 시작할 수 없을까?"
난 말했어. 우리 둘 사이엔 '그 시절'이 존재한다고.
그 시절 그곳은 다시 갈 수 있어.
그 시절 사람들도 다시 만날 수 있어.
하지만, 시간은 되돌릴 수 없잖아.
너와 나도, 되돌릴 수 없는 거야.

如果命运是一条河,
你背我过了河却离开了我。
算是背叛了命运,
还是背叛了我?

운명을 흐르는 강이라고 한다면,
너는 날 업고 이 강을 건너놓고 날 떠난 거야.
그건 운명에 대한 배신일까,
아니면 나에 대한 배신일까?

能说得出的委屈，不算委屈；
能说得出的伤心，不算伤心；
能哭得出的失去，不算失去；
能走掉的恋人，不算恋人。

말로 할 수 있는 서러움은 서러움이 아니고
말로 할 수 있는 슬픔은 슬픔이 아니며
울어낼 수 있는 상실은 상실이 아니고
떠나버릴 수 있는 사랑은 사랑이 아니다.

雨，还在下。
你听得见吗？
这是我的思念滴滴答答……
下满了整个天空，没有你的天空。

아직도 비가 내려.
들리니?
내 그리움이 똑똑 떨어지는 소리……
네가 없는 온 하늘을 가득 채웠는데.

总有一天,
那些让你痛彻心扉的故事,
你会笑着说出来。
你笑的那一刻,
是对"痛"最美的回答。

가슴에 사무치도록 슬펐던 일들도
언젠가는 웃으며 꺼낼 날이 있겠지.
그 순간, 너의 웃음은
'고통'에 대한 가장 아름다운 대답이 될 거야.

青春是一场大雨。
即使感冒了，
也盼望回头再淋一次。
我和你的这场相遇，
即使能遇见前方所有的遍体鳞伤，
我也希望再遇见你一次。

청춘은 소나기 같은 것.
감기를 앓아도 좋으니
다시 한번 흠뻑 맞고 싶어.
우리의 이번 만남이
모든 상처를 가져온다 해도
역시나 나는 다시 한번 널 만나고 싶어.

后来呢?
后来, 如众愿,
却非我所愿。

그다음은 어떻게 되었냐고요?
그 후엔 모두의 바람대로 되었죠,
단지 내가 원하던 바가 아니었을 뿐.

在机场等船, 在渡口等客机,
在冬等春雨, 在夏等冬雪,
在今天等昨天, 等我忘记你。

공항에서는 배를, 나루터에서는 비행기를 기다려.
겨울에는 봄비를, 여름에는 겨울의 눈을 기다리지.
오늘의 시간 속에서 어제를 기다리듯
널 잊게 될 그날을 기다려.

김소희의 몇 가지 번역 이야기

생략의 미학
触到了那个空气 _52쪽

직역이냐 의역이냐에 대해서는 언제나 의견 대립이 있지만, 저는 장르가 '문학'이라면 언제나 의역에 손을 드는 편입니다. 특히나 이 책에 실린 글처럼 함축적인 의미가 강한, 시적인 글이라면 단어를 그대로 옮기는 것보다 분위기와 뉘앙스에 조금 더 힘을 실어주는 편이 더욱 좋다고 생각해요. 그래서 이 글에서는 '과감한 생략'을 감행했습니다. 원문에서는 触到了那个空气(그 공기를 접촉하고), 闻到了那个味道(그 냄새를 맡고), 听到了那个音乐(그 음악을 듣고), 吃到了那个饭菜(그 음식을 먹고)로 표현했지만 한국어에서는 동사를 전부 다 생략했어요. 그런데 정말 신기하죠? 구구절절 동사를 덧붙이지 않았지만 '그 공기에, 그 냄새에, 그 음악에, 그 음식에'만으로도 의미는 충분히 전달되고 시적인 느낌은 오히려 살아났으니까요. 때로는 번역에도 '생략의 미학'이 필요한 것 같습니다.

직역과 의역 사이
云淡轻风 _54쪽

처음에 시린 작가님에게 이 글을 받았을 때 저는 '把伤与害再往行李里装一装(상처를 가방 속에 넣어둔다)'이라는 표현이 굉장히 신선하게 느껴졌습니다. 그래서 '상처를 한편에 감춰둔다'와 같이 의역을 해볼까도 싶었지만, 그 신선한 느낌 그대로를 살리기로 했어요. 계절이 흐른 뒤 꺼내본다는 표현, 그리고 '세월에 빛바래다'라는 표현과의 연결성도 생각을 했고요. 마지막에 쓰인 '云淡轻风'라는 표현을 하나씩 꼼꼼하게 살펴보자면 '옅은 구름과 가벼운 바람'이겠죠? 세월에 바래 희미해지고 가벼워진 상처를 의미하는 말일 겁니다. 이 글을 보는 독자님들도 걱정과 고민 모두 옅은 구름처럼, 가벼운 바람처럼 흘려보낼 수 있기를 바랍니다.

작가의 시선
沉默 _58쪽

이 글의 한국어 문장에서는 주어를 마지막으로 보냈습니다. 원문의 주어인 '沉默(침묵)'을 마지막에 언급하면서 끝내니 왠지 글의 묵직함이 두 배가 된 것 같아요. 시린 작가님이 쓴 중국어 문장에서 '멀어져가는 사랑을 추모한다'는 표현을 처음 보았을 때, 감탄을 금치 못했던 기억이 납니다. 그리고 그 추모의 방식으로 '眼泪(눈물)'이나 '告别(작별 인사)'가 아니라 '沉默(침묵)'을 이야기한 것이고요. 역시 작가의 시선은 다른가봅니다.

曾经 _76쪽

HSK 5급 단어 중 하나인 '曾经'은 과거의 어떠한 경험을 이야기할 때 쓰는 부사입니다. 사전에는 '일찍이, 이전에, 이미, 벌써' 등으로 표현되어 있지요. 그 외에도 중중 사전을 살펴보면, 시간의 상대적인 개념으로 쓰이기도 해요. '어제'라는 시간은 '오늘'을 기준으로 봤을 때 '曾经'이 되는 겁니다. 그래서 둘 사이에 존재하는 '그 시절'이 '曾经'으로 표현되었어요. '오늘'을 기준으로 '지나간 어느 한때'의 느낌을 담고 있다고 할까요. 그래서인지 저는 '曾经'이라는 단어에서 약간의 슬픔이 느껴질 때가 많아요. '曾经的我们(그때의 우리)'처럼요.

在机场等船 _90쪽

이 글을 처음 받았을 때 '시린 작가님이 졸면서 쓴 게 아닐까' 착각했던 기억이 납니다. 공항에서 왜 배를 기다리지? 나루터에서 비행기를 기다린다고? 이해가 되질 않았어요. 배와 비행기를 서로 바꿔 썼구나 싶어서 시린 작가님에게 위챗으로 메시지를 보내려던 찰나, 텔레파시가 통했던 걸까요? 한발 빠르게 메시지가 왔습니다. 작가님은 이 글의 문장 하나하나가 '无法忘记你(널 잊을 수가 없다)'는 의미를 담고 있다고 했어요. 공항에서 배를 기다리는 일이, 나루터에서 비행기를 기다리는 일이 가능할까요? 절대로 일어날 수 없는, 한마디로 불가능한 일이지요. 마찬가지로 겨울에 봄비를 기다리는 일도, 여름에 눈을 기다리는 일도, 오늘의 내가 어제를 기다리는 일도 불가능합니다. 그러므로 '널 잊게 될 날을 기다리는 것(等我忘记你)' 또한 절대 일어날 수 없는 일이 되는 거죠. 이 의미를 정확히 이해한 순간 육성으로 감탄했답니다.

人生的智慧, 舒心的文字
인생의 지혜, 여유의 문장들

宏伟的计划,
大大的目标,
都扔掉吧。

从小小的,
从点点滴滴的开始,
慢慢地,
一个一个做下去。

거창한 계획,
커다란 목표,
모두 버리고.

작은 것부터,
소소한 것부터,
차근히,
하나씩,
해나가기로 해요.

自尊感,
是一个尊重自己,
自己疼爱自己的感觉。

자존감,
스스로를 존중하고
스스로를 소중히 아끼는 마음.

做不了决定的时候,
交给时间去决定。
有时候,
静坐反而比追逐看懂更多。

아무래도 결정을 내릴 수가 없을 땐
결정권을 시간에게 넘겨보세요.
마구 뒤쫓기보다 차분히 앉아 있을 때
더 많은 것들이 보이기도 하니까요.

时间和茶，都是好东西。
前者，过滤真伪。
后者，清理心绪。

시간과 차, 참 좋죠.
시간은 진위를 가려주고
차는 마음을 씻어주니까요.

人生如一部电影，
有开始，就势必有剧终。
重要的是，
你如何书写这部电影的内容。
因为，你是你这部电影的编剧，
导演以及主演。

인생은 한 편의 영화 같아서
오프닝이 있으면 반드시 엔딩이 있는 법.
관건은 스토리를 어떻게 써나가느냐에 달려 있습니다.
당신은 이 영화의 작가이자 감독, 그리고 주인공이니까요.

遇到不可理喻的人或事,
请走以下三步:
1、接受。
2、处理。
3、远离。

이해하기 힘든 일 또는 사람을 만났을 땐
다음의 3단계를 거쳐볼 것.
첫째, 받아들이기.
둘째, 해결하기.
셋째, 멀리하기.

心若计较，处处是怨言。
心若放宽，时时是春天。
若心不能宽如海，
哪有人生风平浪静时？

시시콜콜 따지자면, 모든 게 불평.
관대하게 생각하면, 언제나 봄.
마음이 바다 같을 수 없다면,
인생에 잔잔한 순간은 없겠죠?

做一个表面寡言，
心有一片海的人。

겉은 과묵하게,
속은 바다처럼 드넓게.

愿你阳光下，像个孩子。
风雨里，像个大人。
愿你四季如春，
愿你可以做自己的太阳。

햇살 아래에서는 아이처럼,
비바람 속에서는 어른과 같기를.
사계절 내내 봄처럼,
스스로의 태양이 될 수 있기를.

太清醒的人生，
本身就是一种痛苦。
因此，人生，偶尔不如糊涂一些。

너무나 분명하게 보이는 삶은
그 자체로 고통이 되기도 한다.
그러므로 가끔은
잠시 흐릿해지는 편이 나을 때도 있다.

所有外表的光鲜亮丽
都敌不过时间这只大手，
想抵抗这只大手的唯一办法就是：
记得时刻修饰你的灵魂。

화려하게 빛나는 겉모습도
시간이란 대가 앞에서는 대적할 수 없는 것.
순간순간 당신의 영혼을 다듬어라.
그것만이 그를 이겨내는 유일한 방법일 테니.

相信就会看到相信的东西，
不相信就会看到不相信的东西。

믿으려 하면 믿는 것들이 눈에 보이고,
믿지 않으려 하면 믿지 않는 것들만 눈에 보입니다.

给自己一朵花开的时间。
在生活里，在爱情里，在孤独里，
在疲惫时，在困惑时，在等待时。
每一朵花开 都需要时间。
人也一样，成功也一样，
幸福更是一样。

스스로에게 꽃 피울 시간을 주는 거야.
삶에서든, 사랑에서든, 외로움 속에서든,
지칠 때도, 혼란스러울 때도, 누군가를 기다릴 때도.
꽃이 피려면 시간이 필요하잖아.
사람도, 성공도 마찬가지야.
행복은 더 말할 것도 없지.

人这一生, 要交很多朋友,
但是, 最重要的一位朋友名字叫: 自己。
要学会做自己的朋友,
才能把这一生过好。

살아가면서 많은 친구를 사귀어야 한다지만,
그래도 가장 중요한 친구는 바로 '나 자신'이 되어야 해.
나를 친구 삼을 수 있을 때
이 삶을 잘 살아갈 수 있을 거야.

같은 사람을 만나도
누군가는 사랑을 느끼지만,
누군가는 미움을 갖는다.

같은 일을 경험해도
누군가는 행복을 느끼지만,
누군가는 불행으로 여긴다.

같은 하늘 아래에서도
누군가는 희망을 보고,
누군가는 절망을 본다.

행복의 정의는
우리 마음이 어느 곳을 비추느냐에 달렸다.

在同一个人跟前,
有人看到了爱,
有人看到了恨。

在同一件事面前,
有人看到幸福,
有人看到悲哀。

在同一片天空下,
有人看到了美景,
有人看到了绝望。

幸福的定义,
取决于你心里亮着怎样的灯。

有时候，一句话，
就是一把利剑。
有时候，一个拥抱，
就是天堂。

때로는 말 한 마디가
날카로운 칼이 되고.
때로는 포옹 한 번에
천국이 되기도 하고.

生活是一种光影，
在这光影中，有太阳，也有阴影，
有晴天，也有雨天，
人生的滋味，
是酸还是甜，是辣还是苦，
就在这光影中，各自品尝。

삶은 빛과 그림자 같은 것.
태양도, 그늘도 있고
맑은 날도, 비오는 날도 있듯,
떫거나 달콤하거나
아리거나 씁쓸한 인생의 맛도
그 빛과 그림자 속에서 각자 맛보게 되는 것.

不渴求你所没有的,
不贪心, 不坐立不安,
珍惜自己拥有的,
对生活的点点滴滴,
感谢, 自足,
这就是小确幸。

내게 없는 것을 계속해서 갈구하고
욕심내거나 전전긍긍하지 않고,
내가 이미 갖고 있는 것을
소중하게 여기는 것.
일상의 작은 것들에
만족하고 감사하는 마음을 갖는 것.
그게 바로 소소하지만 확실한 기쁨.

要知道，
你，太阳，月亮，与星星，
你们都是同一类物质组成的。
因此，无论谁离开了你，
日月星辰在，潜在你身体里的星体在。

기억해,
우린 태양과 달, 그리고 별과
같은 종류의 물질로 만들어진 거야.
그러니까 누군가가 널 떠난다 해도
해와 달과 별이
그리고 우리 몸 안에 숨어 있는 천체는
언제나 함께할 거야.

在心里种花,
这样,
时时刻刻住在花园。

마음 안에 꽃을 심어.
살아가는 순간순간이
정원이 되도록.

김소희의 몇 가지 번역 이야기

자연스러운 번역을 위한 팁
有时候 _100쪽

특별판 이전의 책을 보셨던 분이라면 예전의 번역과 조금 달라진 부분을 찾을 수 있을 겁니다. '가끔은'으로 번역했던 '有时候'를 이번에는 삭제했어요. 바로 문장 끝의 '보이기도 하니까요' 때문입니다. '보이기도 하다'는 말을 가만히 곱씹어 보면 '보일 때도 있고 아닐 때도 있다'는 의미라는 걸 알 수 있죠? 그러니 굳이 '가끔'이라는 말을 덧붙이지 않아도 의미 전달이 되고 문장은 더욱 깔끔해집니다. 중국어는 '有时侯'나 '有些人' 같은 표현을 참 잘 씁니다. 단어 그대로 '가끔은' '어느 때는' 그리고 '어떤 사람들은'으로 번역할 수도 있지만 한국어는 동사와 형용사가 다채롭고 서술어가 중요한 언어이므로 그 안에 얼마든지 자연스럽게 녹아낼 수 있어요. '가끔은' '어느 때는'은 '~하기도 하다' '~할 때도 있다'처럼, '어떤 사람들은'은 '~한 사람도 있다'처럼요.

원문의 느낌을 한껏 살려
做一个 ~ 的人 _110쪽

'表面'부터 '一片海'까지 괄호로 묶고 그 앞뒤만 볼게요. '做一个~的人'이라는 표현이 눈에 들어오죠? '어떠어떠한 사람이 되자'는 이야기를 할 때 잘 쓰는 표현입니다. 원문이 길이는 짧지만 의미상 깊이가 상당해서 한국어도 그 느낌을 살리고 싶었어요. 그래서 직역을 하자면 '겉은 과묵하고 속은 바다처럼 드넓은 사람이 되자'인데, '~한 사람이 되자'는 말을 살며시 지워보았답니다. 굳이 그 표현을 부연하지 않아도 의미 전달이 충분히 되는 것 같죠?

과감하게 뒤엎기
记得时刻修饰你的灵魂 _116쪽

이 글 역시 원문은 시린 작가님의 글입니다. 책에 실린 많은 글에서 제가 정말 좋아하는 글 중 하나지요. 여기에서 가장 중요한 문장을 꼽으라면 저는 마지막 문장에 밑줄을 그을 거예요. 그래서 번역을 할 때도 다른 어떤 문장보다 마지막 문장이 가장 임팩트 있게 표현되기를 바랐습니다.

마지막 두 줄을 직역하면, '시간이라는 대가를 이길 수 있는 유일한 방법은 바로 순간순간 당신의 영혼을 다듬는 일이라는 것을 기억하라'입니다. 뭔가 평범한 느낌이 들었어요. 그래서 마지막 문구의 순서를 뒤엎어버렸습니다. '순간순간 당신의 영혼을 다듬어라'로 제가 강조하고 싶었던 문장을 앞으로 빼고 그 뒤에 설명을 덧붙이는 방법으로요.

04

细水长流, 爱的文字
오래오래 흐르는 물, 사랑의 문장들

因为是温暖的春天，
因为是炽热的夏天，
因为是清凉的秋天，
因为是白白的冬天，
不，
皆因你是你。

따스한 봄이어서,
뜨거운 여름이어서,
선선한 가을이어서,
새하얀 겨울이어서,

아니,
그냥 당신이라서.

不管是人或物，
我想把所有的万物都当作"花"一样对待。
留在我身边的"花"，我会温柔浇水，
我会每一天看着它，照顾它。
有一天，它谢了，离开我时，
我可以淡然地目送它。
因为，它在我身边曾经美丽过，
这就是永恒。

사람이든 사물이든
내게 오는 모든 것을 '꽃'처럼 대하려고 해요.
머무는 동안 물도 주고
매일 바라봐주며 최선을 다하는 거예요.
언젠가 시들어서 내 곁을 떠나야 할 땐
상처 없이 보내줄 수 있겠지요.
곁에 있는 동안 충분히 아름다웠으며,
그것은 곧 영원과도 같으니까요.

爱，从来都不会消失。
即使在生命消散时，爱也依旧在。
只不过
你需要有一颗识别爱的眼睛。
因为，爱有很多外衣：
恨、妒忌、占有、埋怨、离别……

사랑은 언제나 그 자리에 있습니다.
삶이 사라져가는 순간에도 여전히 그 자리에.
다만 사랑을 알아볼 수 있는 두 눈이 필요할 뿐이죠.
증오와 질투, 소유욕, 원망, 이별까지……
사랑은 수많은 옷을 입고 있으니까요.

爱情
是一颗灵魂唤醒另一颗灵魂。

사랑은
하나의 영혼이 또 다른 영혼을 깨우는 일.

真正的缘分，无法预料。
真正的爱情，无法准备。

진짜 인연은 예측할 수 없고,
진짜 사랑은 준비할 수 없는 것.

二斤桃花酿成酒，
喝完满眼都是你，
桃花开到哪里你在哪里。

복숭아꽃을 한 줌 따다 술을 빚습니다.
입에 모두 털어넣고 나니
눈앞엔 온통 그대뿐.
복숭아꽃이 피는 곳이면
그 어디든 그대가 가득합니다.

只要心中有爱，
哪里都是伊甸园。

마음에 사랑이 가득하다면,
발길 닿는 곳은 그 어디든 낙원일 거예요.

爱是我看见你来了之后，
身边的空气，
慢慢变暖。

걸어오는 그대 모습만 보아도
주위가 온기로 따스해지는 것,
아마도 사랑.

时间会把对你最好的人，留在最后。
毕竟，喜欢是一阵风，
而爱才是细水长流。

시간이 '내 사람'을 마지막에 남겨놓아줄 거야.
좋아하는 마음은 한차례 부는 바람이지만,
사랑하는 마음은 오래오래 흐르는 물 같은 거니까.

最合适的感情，
是永远不以爱的名义互相折磨，
而是陪伴，理解，默契，
成为彼此的光。

잘 맞는 사이란
사랑의 이름으로 서로를 괴롭히지 않고,
함께하며 이해하고 맞춰가면서,
서로의 빛이 되어주는 것.

有些人说不清楚哪里好,
但是, 就是谁也无法取代。

어디가 좋은지 정확히 꼬집을 수 없지만,
그 누구로도 대신할 수 없는 사람이 있다.

不知 从何时开始
你就牵引我的视线，
不知 从何日开始
一整天 我见到的所有人 皆是你。

언제부터일까,
네가 자꾸 내 눈에 들어오기 시작한 건.
언제부터일까,
온종일 네 생각만 나기 시작한 건.

终于遇见你，
差点忘记呼吸。

드디어 널 만난 거야.
하마터면 숨 쉬는 것조차 잊을 뻔했어.

我不害怕，
不担心，
也不怀疑，
更不想考验。

你和我，
我们两个人就像静静的湖面，
静得安好。

불안하지 않습니다.
걱정하지 않습니다.
의심하지도 않습니다.
시험은 더욱 하고 싶지 않습니다.

당신과 나,
우리 사이는 잔잔한 호수처럼 평온하니까요.

这个世界最好的默契
不是有人懂你说出口的话,
而是懂你未说出口的话。

네가 입 밖으로 꺼낸 말을 이해하는 게 아니라
네가 입 밖으로 꺼내지 못한 말까지 이해하는 것,
그것이 환상의 호흡일 테지.

全天下的柔情占十分，
你占九分，
还有一分，
是你喊我名字那一瞬间的春风。

이 세상에 존재하는 따스함을 10점이라고 한다면,
너의 존재는 9점,
그리고 나머지 1점은
네가 내 이름을 부르는 순간 불어오던 봄바람일 거야.

不怕你绕远路，
不怕你兜圈子，
不怕你迟到。
只要最后是你，
什么都没关系。

먼 길을 돌아도,
빙 돌고 돌아도,
좀 늦어도 괜찮아.
결국 너이기만 하다면,
아무래도 괜찮아.

对了的爱情
是什么感觉?
就是不必千言万语,
他/她的存在唤醒你的存在。

제대로 된 사랑이
어떤 느낌이냐 하면,
많은 말이 필요 없어.
그 사람의 존재가 너의 존재를 깨우는 거야.

你问我，
是万家灯火好看？
还是烟花绽放好看？
我说，
这两样都不如你好看。

넌 물었지.
어둑한 도시의 빛나는 야경과
꽃망울 터지듯 피어오르는 불꽃놀이 중
어느 것이 더 아름답냐고.
난 이렇게 대답할래.
그 어느 것도
너만큼 아름답진 않다고.

如果你觉得日落很美,
那是我写给你的情书。
如果你说从未见过我的情书,
请抬头:
春夏秋冬, 四季轮回百花盛开,
人间处处是情书。

석양이 아름답게 느껴진다면
그건 내가 너에게 보내는
사랑의 편지일 거야.
내 편지를 한 번도 본적이 없다면
고개를 들어볼래?
봄, 여름, 가을, 겨울,
온갖 꽃들이 만발하고
돌고 도는 계절 속의 모든 것들이
너에게 건네는 사랑의 편지일 테니까.

179

김소희의 몇 가지 번역 이야기

생명을 불어넣어준 단어
皆因 _138쪽

이 글은 제가 한국어 문장을 쓰고 중작을 한 뒤 시린 작가님의 검토를 거쳐서 탄생한 것입니다. 아주 단순한 표현을 썼던 저의 중국어 문장에 시린 작가님이 '皆因'이라는 '있어 보이는' 표현을 넣어주셨지요. '皆'는 부사로 '전부' '모두'를 의미하고, '因'은 이유를 나타내는 '~때문에'라는 의미로 쓰여, '모든 게 다 그저 당신이기 때문이다(皆因你是你)'라는 의미가 완성이 되었답니다. 건조한 문장에 생명을 불어넣어준 고마운 단어예요.

복숭아꽃 두 근?
二斤桃花 _148쪽

이 글은 중국 문화의 특색을 흠뻑 느낄 수 있는 글입니다. 복숭아로 술을 빚는다(桃花釀成酒)든가, 복숭아꽃 한 줌(二斤桃花)이라는 표현 등이 그렇지요. 처음 이 글을 보았을 때 왜 '二斤'이라고 표현했을까 궁금했어요. 정확한 무게 단위로써 쓴 거라면 '두 근'이라는 무게에 어떤 함축적인 의미가 있는 것인지 궁금했고, 그저 '적은 양'을 표현하기 위해 쓴 거라면 '一些' 같은 단어 대신 왜 '二斤'을 택한 것인지 궁금했습니다. 시린 작가님의 답을 듣고 나니 정말 물어보길 잘했다 싶었어요. '二斤'에는 제가 생각했던 것보다 훨씬 더 큰 의미가 담겨 있었으니까요. 간단히 말해 '二斤'은 '一些'와 같은 의미로 사용된 것은 맞습니다. '약간의 복숭아꽃'이라는 뜻인 거죠. 그런데 중국어에서 '二斤'은 굉장히 낭만적인 뉘앙스를 가진다고 해요. 특히 '二斤桃花'는 관용어처럼 자주 쓰는 표현이랍니다. 사랑하는 사람을 만나서 느끼는 기쁜 마음을 '약간의 복숭아꽃'에 비유한 건데요. 시린 작가님은 복숭아꽃으로 빚은 술이 중국에서는 굉장히 로맨틱한 느낌을 주는 술이라고 덧붙였어요. 그 로맨틱한 뉘앙스를 살리고자 '一些'나 '一点点' 대신 '二斤'을 택한 거고요. 정확한 무게로써가 아니라 모호한 개념으로써 로맨틱한 분위기를 살려서 쓴 것이죠. 그래서 저 역시 '약간'이나 '조금'이라는 표현 대신 '한 줌'이라는 단어를 택했습니다. 어떤가요? '복숭아꽃 조금'이나 '복숭아꽃 약간'보다 '복숭아꽃 한 줌'이라는 표현이 조금 더 시적이고 로맨틱하죠?

爱是...... _152쪽

글을 옮기다보면 그 느낌을 더 살리기 위해 주어와 서술어의 순서를 살짝 비트는 경우가 있습니다. 이 글이 그랬는데요. 직역하자면 '사랑은 다가오는 그대를 보고 나면 주위의 공기가 점점 따스해지는 것이다' 정도가 됩니다. 그러나 저는 '사랑'을 조금 더 강조하면서 느낌 있는 표현을 해보고자 한국어 문장에서는 '사랑'이라는 주어를 과감하게 마지막으로 뺐습니다. '아마도'라는 표현 역시 감성적인 느낌을 주고자 의역해서 넣었는데, 중국어 원문에 좀 더 충실하게 표현하려면 '그것은 사랑'이 좋겠습니다.

要加油, 安慰的文字

힘내요, 위로의 문장들

当你人生陷入最黑暗境地时，
你要想一想，
光芒万丈的黎明之前，
天空的颜色。

삶이 암흑 속으로 빠져들 때,
한번 떠올려봐요.
눈부신 새벽이 오기 전,
하늘이 어떤 빛깔이었는지.

当你决定正面面对困难,
准备跟它决战时,
最困难的部分, 已过。

어려움에 맞서겠다고 결심하는 순간,
결판을 내보겠다고 마음먹는 순간,
당신을 가장 힘들게 했던 그 어려움은
이미 지나가고 없을 것입니다.

相信就是在不能相信的时候相信,
这才是真正的相信。

믿을 수 없는 상황일 때 믿는 것.
그것이 바로 진정한 믿음.

改变,
从来就不是一个改与变,
而是一个升华。

달라진다는 건
'고치거나 변하는' 것이 아니라,
한 단계 위로 올라섬과 같은 것.

"是吗?"
"原来如此。"

无需其他言语,
无需任何安慰,
当时我的耳朵,
只想享受你的这两句。

"그랬어?"
"그랬구나."

다른 그 어떤 말보다
다른 그 어떤 위로보다.
이 두 마디면 됐는데.

亲爱的,
我知道这段时间你受尽磨难。
然而我的眼里你一直是对的,
一直是优秀的。
不要太绝望。
我相信, 终有一天,
你会原谅生活这个家伙对你的所有刁难。
要加油, 我是你永远的力量。

그대,
그동안 힘들었다는 거 알아요.
하지만 나에게 그대는 언제나 옳았고 여전히 훌륭합니다.
너무 절망하지 말아요.
언젠가는 그대를 괴롭히던 삶이라는 녀석을
용서하게 될 날이 있을 거라고 믿으니까요.
힘내요, 나는 언제나 그대를 응원합니다.

生命有裂缝,
阳光才能照进来。

心念一转,
逆境也能成机遇。

삶에 갈라진 틈이 있어야
햇살이 비집고 들어오는 법.

생각을 바꾸는 것만으로도
역경은 기회가 되기도 하지요.

如果你敢说再见,
时间就敢给你新开始。

'잘 가' 하고 용감하게 인사해요.
시간이 새로운 시작을 건네줄 수 있도록.

如果今天的伤，哪里都不肯去，
固执地压在你的心口，样子很像山，
不要急着搬走它，
看着它笑，看着它哭，
也可以看着它放肆。
只要时间之轮抵达明天，
山便会成美丽的溪流，
流过你的心，
变成滋养你生命之河的美妙养分。

오늘 입은 상처가 사라지지 않은 채
산처럼 우뚝 마음을 짓누르고 있다면,
애써 다급히 옮기려고 들지 말고 그냥 둬봐요.
가만히 바라보며 웃어도 좋고 울어도 좋아요.
'너 따위' 하는 얼굴로 바라봐도 괜찮아요.
시간의 바퀴가 내일에 닿으면,
산은 어느새 아름다운 시냇물처럼
당신의 마음속으로 흘러들어
당신의 삶에 더없이 좋은 자양분이 되어줄 테니까요.

今天, 永远是明天的起跑线。
因此, 昨天跌倒了,
你要记得你拥有无数个今天。

오늘은 언제나 내일의 출발선이 됩니다.
그렇기에 비록 어제는 넘어졌다 해도,
아직 수많은 오늘이 남아 있다는 걸 잊지 말아요.

昨天你是谁？ 不重要。
重要的是，今天你是谁？

'어제의 당신이 누구였는지'는 중요하지 않아요.
중요한 건 '오늘의 당신'이니까.

不急，
不躁，
只要咬牙挺住，
踏踏实实地去做手中之事，
你要的所有会一个个准时来找你。

조급해할 필요도 없고,
발 동동 구를 필요도 없습니다.

그저 잘 버티고 서서
주어진 것들을 성실히 해나가면
원하던 것들이 하나둘 뒤따라오니까요.

时间向来慷慨,
会把好的和坏的一起都带走,
所以, 开心时不要太大声,
伤心时, 也不必太难过。

시간은 늘 아낌이 없어서
좋은 것도, 나쁜 것도 전부 가져가고 말아.
그러니, 기쁘다고 너무 큰소리 내지 말고
슬프다고 너무 힘들어할 필요도 없어.

无论世界有多冷漠,
也不要放弃善良。
无论爱情伤你多少次,
也不要放弃相信爱情。
因为, 被世界善待的人,
永远是善良的人。
被爱情拥抱的人,
始终是相信爱情的人。

아무리 차디찬 세상이라도
선한 마음은 버리지 말아요.
사랑에 여러 번 상처받아도
사랑에 대한 믿음 역시 버리지 말아요.
이 세상은 선한 자에게 조금 더 각별하고,
사랑은 그 사랑을 믿는 자에게 자신의 품을 내어주니까요.

无论时间是否待你温柔，
请保持你的善良。
因为，谁也不知道，
谁会在下一秒爱上你的善良。

시간이 네게 따스하거나 혹은 모질더라도
선량한 마음만은 간직해줘.
이 다음 순간, 너의 그 마음을 사랑해줄 누군가가
나타날지도 모르잖아.

不完美又何妨,
万物皆有裂痕。
那是光照进来的地方。

완벽하지 않으면 어때.
어디에나 갈라진 틈 정도는 다 있는걸.
그곳으로 빛이 스며드는 거야.

攒够失望就离开吧,
总不能再攒够绝望吧。

不要忘记,
当阴影来的时候,
阳光就藏在阴影身后。

실망할 만큼 했으면 이제 털고 떠나요.
계속 절망만 하고 있을 순 없으니까요.

잊지 말아요.
그림자가 드리우면,
그 뒤엔 햇살이 숨어 있다는 걸.

如果现在你得到了什么,
那是因为你曾经放弃了什么。
如果现在你遇到了幸运,
那是因为你曾经遭遇不幸。

如果今天你吃到了免费的午餐,
那是因为明天你要为这免费买单。

万物平衡的法则,
支撑着这个世界的平衡。

지금 무언가를 얻었다면
과거에 무언가를 잃었기 때문이고,
지금 행운이 찾아왔다면
과거에 그만큼의 불행을 겪었기 때문이다.

오늘 무언가를 공짜로 얻었다면
내일 그 대가를 치러야 한다는 뜻이다.

만물에는 균형이 있는 법.
그렇기에 이 세상이 균형을 이룬다.

你受过的苦, 吃过的亏,
扛过的债,
忍过的痛,
到最后都会变成光,
照亮你的路。

고생스러웠던 일도,
손해 보았던 일도,
어깨 가득 짊어졌던 짐과
이겨내려 애썼던 고통들도,
결국에는 모두 빛이 되어
당신의 길을 비춰주리.

我的世界一片漆黑，
直到你出现。

나의 세상은 언제나 칠흑 같았어.
네가 나타나기 전까지.

🌸 김소희의 몇 가지 번역 이야기

따스하고 말랑하게
不急, 不躁 _204쪽

단 네 글자로 표현되는 '不急, 不躁'가 한국어로 바꾸니 엄청 길어졌습니다. '초조하지 않고, 조급하지 않다'는 말이지만 글의 맥락상 표현을 바꾸고 다듬는 과정에서 좀 더 길게 표현이 된 겁니다. 이럴 때는 확실히 중국어라는 언어의 경제성이 느껴지곤 합니다. 매우 함축적이기도 하고요. 반면 그 간결함에서 차가움이 느껴지기도 하지요. 그래서 한국어로는 조금 더 따스하고 말랑하게 표현하고 싶었습니다. '咬牙挺住' 역시 '이 악물고 견디다' 대신 '잘 버티고 서다'로 순화해보았고요. 안 그래도 힘든데 '이 악물고 견뎌달라'는 말을 하고 싶지는 않았어요. '잘 버티고 서 있어주기'만 해도 충분하다고 생각했으니까요.

곧 다가올 순간
下一秒 _210쪽

중국 노래가사나 드라마 혹은 영화 속 대사에서도 '下一秒'라는 표현이 자주 등장합니다. 지금을 기준으로 '下一个'하면 '다음' '다음의 어떤 것'이 되니까 '下一秒'는 지금을 기준으로 '다음에 올 1초'가 될 거예요. 그런데 '초'라는 시간 단위 자체가 너무나 찰나여서 '다음 1초'라는 게 잘 와닿지 않죠? 순식간에 지나가버리니까요. 노래 가사나 드라마 대사에서는 지금을 기준으로 곧, 당장, 바로 오게 될 다음 순간을 이야기하고 싶을 때 주로 씁니다. 이 글에서도 마찬가지예요. 아득한 미래가 아니라 곧 다가올 '이 다음 순간' 당신의 선량한 마음을 사랑해줄 누군가가 생길지도 모른다는 걸 말하고 싶었나봐요.

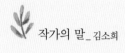
작가의 말 _ 김소희

　　2017년, '처음 만나는 감성 중국어 필사책'이라는 부제의 《마음의 문장들》이 출간되었을 때, 가슴이 한없이 벅차올랐습니다. 언젠가 함께 책을 쓰자던 시린 작가님과의 약속이자 꿈이 현실로 이루어진 날이었으니까요. 글을 쓰는 동안에도, 출간 소식을 들으면서도 믿을 수가 없었습니다.

　　2019년, 《마음의 문장들 2》가 세상에 나왔을 때, 울컥하고 눈물이 핑 돌았습니다. 전작이 사랑을 받은 덕에 두번째 책이 세상에 나올 수 있었을 테니까요. 독자분들께 감사하는 마음, 또 한편으로는 기대에 어긋나지 않아야 한다는 부담감 등으로 설레기도, 떨리기도 한 시간이었습니다.

　　언젠가 다시 인사를 드리게 되는 날이 올까, 간혹 생각했습니다. 욕심일지라도 또 한번 기회가 온다면 얼마나 행복할까, 기분 좋은 상상을 해본 적도 있었습니다. 그 상상은 또다시 이렇게 현실이 되었네요. 특별판으로 《마음의 문장들》 독자 여러분을 다시 만날 수 있게 되어 정말 기쁘고 행복합니다. 진심으로 반갑습니다, 여러분.

　　4년이라는 시간 동안 많은 것이 바뀌었습니다. 그럼에도 '글'과 '필사'가

주는 위안의 힘은 아무리 세월이 흘러도 언제나 변함이 없지요. 이 책이 당신에게 위안과 용기를, 기쁨과 희망을 주기를 간절히 바랍니다. 한 글자 한 글자 마음을 담아 꾹꾹 눌러 쓰시기를.

2023년 10월

김소희

작가의 말_시린

手指指月，指非月。

　　时间一恍，距离上一次写心灵上的文字，已隔数年。"数年"二字简单，里面藏的岁月不简单。这期间，隔着一个"三年疫情"。这不是一个人的"疫情"，更不是一个人的"三年"，而是全世界的三年，地球的三年。然而，当我们拉开时间轴，站到宇宙里，回眸这三年，它又仅仅是沧海一粟，宇宙的一次小小的眨眼而已。不过，正是这一次眨眼，让我们回溯，让我们的心灵沉淀，让我们进一步意识到家园需要呵护，而建在心灵上的精神家园更是需要悉心照料。没有一个健康的精神家园，何谈家园？那么，我们到底应该怎么做才能拥有一个被日月星辰照耀，被幸运之神眷顾的精神家园呢？七个字：手指指月，指非月。

　　我们每个人都喜欢月亮，喜欢赏月，喜欢踩着月光在江边散步。千百年来，月亮是我们人类最理想，最浪漫，最美好的想像，也是"幸福"的另一个名字。因此，"手指指月"的"月"，并非明月本身，而是：觉悟、真理、欢喜，甚至，就是"幸福"本身。

月亮太大，太沉，没人能将月亮搬到我们跟前让我们看，这个世间，有太多的人、事、物，为我们手指明月，教我们去看，叫我们去看。但，世人往往都过于执着手指，导致看不到月，看不到本心，看不到本质。无论佛法、心学、圣经、哲学理论、甚至心灵鸡汤，一首歌，一句话，其实都是手指。当然，也包括再一次跟你们见面的这本《心灵上的文字》。这些均是手指。为你，为他，为我们每一个自己，指月，指你心中正向往的月。当你终于通过各式各样，五花八门，琳琅满目的"手指"终于见了月时，你会蓦然发现，其实，你就是月，你就是欢喜，你就是幸福。月，一直就在你心中，本来就在。你知道吗？你，太阳，月亮和星星，你们都是相同的物质组成的。你由细胞组成，细胞由原子组成。原子由次原子粒子组成。什么是次原子粒子？就是构成星月的初始物质。现在，你知道了，你的身体里住着星，住着月，住着大大的星体。是的，你就是月亮，你就是你自己的宇宙。

손가락으로 달을 가리키나
그건 달이 아닙니다.

마지막으로《마음의 문장들》을 쓴 뒤, 눈 깜짝할 새에 수년의 시간이 흘렀습니다. '수년(数年)'이라는 두 글자는 참 단순하지만, 그안에 숨겨진 세월은 단순하지만은 않죠. '코로나 3년'이라는 시간이 그사이를 비집고 있었으니까요. 이것은 혼자만의 '전염병'도, 그렇다고 혼자만의 '3년'도 아니었습니다. 전

세계의 3년이자 지구의 3년이었죠. 하지만 시간의 축을 당기고 또 당겨 우주에 서서 그 3년이란 시간을 되돌아본다면, 그건 그저 바다에 던져진 쌀알만큼이나 작고, 우주의 작은 깜빡임만큼이나 사소한 일일 겁니다. 그러나 이 한 번의 깜빡임으로 우린 지난 시간을 돌이켜볼 수 있었고, 마음을 가다듬을 수 있었죠. 더 나아가 가정이라는 우리의 공간을 잘 돌봐야 함을, 영혼 안에 세워진 마음의 집은 더욱더 온 마음을 다해 보살펴야 함을 깨닫는 시간이었습니다. 마음의 집이 건강하지 못하다면, 가정은 더 말할 필요도 없을 테니까요. 그렇다면, 마음의 집에 해와 달과 별이 비추고, 행운이 신이 가득하도록 일궈내려면 어떻게 해야 할까요? 다음 문장 속에 그 답이 있습니다. '손가락으로 달을 가리키나 그건 달이 아닙니다.(手指指月, 指非月。)'

우린 누구나 달을 사랑하고 달을 즐깁니다. 달빛을 밟으며 강변을 산책하곤 하죠. 수천년의 시간 동안 우리 인류에게 달은 가장 이상적이고 낭만적이며 가장 아름다운 상상이었습니다. 동시에 '행복'의 또 다른 이름이기도 했지요. 따라서 '손가락으로 달을 가리킨다'는 문장 속의 '달'이란, 달 그 자체가 아니라 어떤 깨달음이자 진리며 기쁨이고, 심지어는 '행복' 그 자체라고 할 수 있습니다.

달은 너무 커다랗고도 무겁지요. 그 누구도 달을 우리 눈앞에 옮겨다놓고 보여주지는 못합니다. 이 세상에는 달을 가리키며 우리에게 저 달을 보라고 가르치며 지시하는 사람, 사건 그리고 사물들이 참으로 많습니다. 하지만 사람들은 종종 손가락에 집착한 나머지 달을 보지 못한 채 본심과 본질마저 바라보지 못하죠. 불교나 성경, 심학(心學)이나 철학 이론, 심지어는 영혼을 위한 글들과 노래 한 곡, 좋은 글 한 구절까지 실은 모든 게 손가락일 뿐입니다. 물론, 다시 한번 여러분과 만나게 될 이 책《마음의 문장들 특별판》역시 모두 손가락이지요. 나 자신을 위해, 그 사람을 위해, 그리고 우리 각자를 위해 손가락으로 달을 가리켜 바라보아요. 마음으로 갈망하는 그 달을. 각양각색의 아름다운 '손가락'으로 가리켜 달을 바라보게 되는 그날이 오면, 문득 깨닫게 될 겁니다. 실은 나 자신이 그 달이었다는 것을, 내가 바로 기쁨이며 행복이었다는 것을요. 달은 언제나 우리 마음속에, 항상 그곳에 있으니까요. 우리가 태양, 달, 그리고 별과 똑같은 물질로 만들어졌다는 사실, 알고 계신가요? 우리는 세포로 이루어져 있고 세포는 원자로 이루어져 있습니다. 원자는 또 아원자 입자로 구성되어 있지요. 아원자 입자가 바로 별과 달을 이루는 초기 물질입니다. 이젠 아실 거예요. 우리의 몸 안에는 별이 살고, 달이 머물며, 커다란 천체가 존재하고 있다는 것을. 그렇습니다. 우리는 곧 달이자 동시에 나 자신의 우주입니다.

2023년 10월

시린

출판사 클의 책을
만나보세요.

나를 다스리는 따뜻한 중국어 필사책
마음의 문장들 특별판

1판1쇄 펴냄 2023년 10월 16일
1판2쇄 펴냄 2024년 12월 16일

지은이 김소희, 시린
일러스트 구현선
펴낸이 김경태 | **편집** 조현주 홍경화 강가연
디자인 박정영 김재현 | **마케팅** 유진선 강주영 정보경

펴낸곳 (주)출판사 클
출판등록 2012년 1월 5일 제311-2012-02호
주소 03385 서울시 은평구 연서로26길 25-6
전화 070-4176-4680 | 팩스 02-354-4680 | 이메일 bookkl@bookkl.com

ISBN 979-11-92512-53-2 13720